CIENCIAS DEL PATIO TRASERO

Abejas útiles

De Alan Walker
Traducción de Santiago Ochoa

Un libro de El Semillero de Crabtree

CRABTREE
Publishing Company
www.crabtreebooks.com

Índice

Abejas

Hay miles de tipos de insectos voladores, uno de ellos es la abeja.

Hay unos 20 000 tipos de abejas. Los cuatro tipos que más podemos ver son las abejas melíferas, los abejorros, las abejas carpinteras y las abejas del sudor.

abeja melífera

abejorro

abeja carpintera

abeja del sudor

Abejas melíferas

Un tipo de abeja muy importante es la abeja melífera. Las abejas melíferas son insectos **sociales** que viven en **colonias**.

¡Datos sobre las abejas!

Las colonias de abejas pueden encontrarse en cualquier lugar, incluso en el interior de edificios y árboles.

Estas colonias construyen hogares llamados colmenas. Dentro de la colmena, las abejas construyen un panal hecho de cera de abeja.

El panal tiene el aspecto de muchos hexágonos.

9

En una colmena viven tres tipos de abejas: una abeja reina, abejas zánganos y abejas obreras. Cada tipo tiene un trabajo especial.

Abeja reina

¡Datos sobre las abejas!

 La abeja reina: Solo hay una abeja reina en una colmena. Su trabajo es poner huevos.

Abeja zángano: Los zánganos son machos. Su trabajo es **aparearse** con la reina.

 Abeja obrera: Las abejas obreras son hembras. La mayoría de las abejas de la colonia es abeja obrera. Las abejas obreras construyen la colmena y el panal, además, recogen el polen y el **néctar**.

11

Partes del cuerpo de la abeja melífera

abdomen

tórax

cabeza

alas

ojos

patas

antenas

Las abejas tienen tres partes principales del cuerpo: la cabeza, el tórax y el abdomen. También tienen seis patas. Esto hace que sean insectos.

Algunos pólenes tienen aspecto de polvo amarillo.

Las abejas en el trabajo

Las abejas ayudan a **polinizar** las plantas.
Vuelan de planta en planta y recogen el polen.
Llevan el polen en sus patas en sacos de polen.

saco de polen

Las abejas también recogen néctar.
Utilizan su **probóscide** para chupar el
néctar de la flor.

probóscide

Las abejas melíferas almacenan el néctar y el polen en el panal. Convierten el néctar en miel. Las abejas utilizan la miel y el polen como alimento.

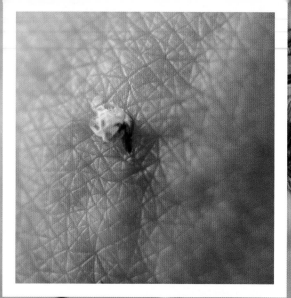

aguijón

¡Ay!

Solo las abejas melíferas hembras tienen un aguijón. El aguijón se utiliza cuando la abeja o la colonia se sienten amenazadas. La picadura de una abeja melífera es dolorosa.

¡Datos sobre las abejas!

Cuando una abeja melífera pica, su aguijón se desprende de su cuerpo. Esto mata a la abeja.

Las abejas desempeñan un papel muy importante en la naturaleza. Si ves una abeja melífera, no tengas miedo. No la molestes y ella no te molestará.

Glosario

aparearse: Aparearse es unirse para reproducirse. Las abejas zángano se aparean con la abeja reina.

colonias: Las colonias son grandes grupos de animales que viven juntos, como una colonia de abejas.

néctar: El néctar es un líquido dulce que las abejas recogen de las flores.

polinizar: Transferir el polen de una planta a otra. Esto ayuda a las plantas a producir semillas.

probóscide: Una probóscide es el largo hocico o tubo de alimentación de un animal.

sociales: A los animales sociales, como las abejas, les gusta vivir en grupo.

Índice analítico

Apoyo escolar para cuidadores y profesores

Este libro ayuda a los niños a crecer permitiéndoles practicar la lectura. A continuación se presentan algunas preguntas orientativas para ayudar al lector a desarrollar su capacidad de comprensión. Las posibles respuestas que aparecen aquí están en color rojo.

Antes de leer

- **¿De qué creo que trata este libro?** Creo que este libro trata de las abejas y de cómo fabrican la miel. Creo que este libro trata de la importancia de las abejas para la polinización de las plantas.

- **¿Qué quiero aprender sobre este tema?** Quiero aprender más sobre cómo las abejas fabrican la miel y el panal. Quiero aprender por qué las abejas pican a la gente.

Durante la lectura

- **Me pregunto por qué...** Me pregunto por qué las abejas hembras hacen todo el trabajo duro. Me pregunto por qué solo hay una abeja reina en cada colonia.

- **¿Qué he aprendido hasta ahora?** He aprendido que solo las abejas melíferas hembras pican a las personas. He aprendido que cuando una abeja melífera pica a una persona, su aguijón se desprende de su cuerpo y luego la abeja muere.

Después de leer

- **¿Qué detalles he aprendido sobre este tema?** He aprendido que hay unos 20 000 tipos de abejas. He aprendido que las abejas melíferas vuelan de planta en planta y recogen el polen para dejarlo en otras plantas.

- **¿Qué detalles he aprendido sobre este tema?** Veo la palabra *colonias* en la página 8 y la palabra *néctar* en la página 11. Las demás palabras del glosario se encuentran en las páginas 22 y 23.

Library and Archives Canada Cataloguing in Publication

CIP available at Library and Archives Canada

Library of Congress Cataloging-in-Publication Data

CIP available at Library of Congress

Crabtree Publishing Company
www.crabtreebooks.com   1–800–387–7650

Written by: Alan Walker
Translation to Spanish: Santiago Ochoa
Spanish-language Copyediting and Proofreading: Base Tres
Print coordinator: Katherine Berti

Print book version produced jointly with Blue Door Education in 2023

Printed in the U.S.A./072022/CG20220201

Published in the United States
Crabtree Publishing
347 Fifth Ave.
Suite 1402-145
New York, NY 10016

Published in Canada
Crabtree Publishing
616 Welland Ave.
St. Catharines, Ontario
L2M 5V6